Música para Acordeom

TRIBUTO A MARIO ZAN

Arranjos de
Roberto Bueno

Nº Cat. 319-A

Irmãos Vitale S/A Indústria e Comércio
Rua França Pinto, 42 - Vila Mariana - São Paulo
CEP. 04016-000 - Fone: 11 5081-9499 - Fax: 11 5574-7388

© Copyright 2008 by Irmãos Vitale S.A. Indústria e Comércio.
Todos os direitos autorais reservados para todos os países. *All rights reserved.*

créditos

Capa e editoração:
Débora Freitas / Willian Kobata

Editoração musical e coordenação editorial:
Flávio Carrara De Capua

Revisão ortográfica:
Marcos Roque

Revisão musical:
Roberto Bueno

Contribuições adicionais:
Osmar Zan

Fotos:
Acervo pessoal do autor*

Produção executiva:
Fernando Vitale

* Gentilmente cedidas pela Associação dos Acordeonistas do Brasil e pela professora maestrina Renata Sbrigh.

CIP-BRASIL. CATALOGAÇÃO NA FONTE
SINDICATO NACIONAL DOS EDITORES DE LIVROS - RJ.

B944m

Bueno, Roberto, 1944-
Música para acordeom : tributo a Mario Zan / arranjos de Roberto Bueno. - São Paulo : Irmãos Vitale, 2009.
56p. : il., música

ISBN 978-85-7407-243-2

    1. Zan, Mario, 1921-2006.

    2. Acordeão - Métodos.

    3. Música para acordeão.

    4. Partituras.

        I. Zan, Mario, 1921-2006.

        II. Título.

        III. Título: Tributo a Mario Zan.

09-0106.   CDD: 788.86
        CDU: 780.647.2

índice

Prefácio 4
Introdução 5
Agradecimentos 6
Preâmbulo 7
O autor 8
Teclado para a mão direita 11
Grafia universal para acordeom 12
Quadro dos baixos 13
Os acordes maiores 14
Os acordes menores 15
Os acordes da sétima dominante 16
Os acordes da sétima diminuta 17

Músicas

Bicho Carpinteiro 21
Caminhos Diferentes 24
Capricho Cigano 26
Chalana 28
Meu Primeiro Beijo 31
Nossa Amizade 34
O Sanfoneiro Só Tocava Isso 36
Quarto Centenário 38
Rabo de Galo 42
Sapecando 45
Silvino Rodrigues 48
Só Para Você 51
Nova Flor (Os Homens Não Devem Chorar) ... 54

prefácio

Em pleno período entre-guerras (9-10-1920) nascia em Veneza, Itália, aquele que se tornaria o maior acordeonista de todos os tempos: Mario Giovanni Zandomeneghi, conhecido como Mario Zan.

Em 1924, a família Zandomeneghi decide se mudar definitivamente para o Brasil e se instala em Santa Adélia, interior de São Paulo.

Ainda menino, o ítalo-brasileiro Mario Zan se encanta com os sanfoneiros nas festas das colônias italianas, que tocavam rancheira, polca, arrasta-pé, valsa e baião. Aos 6 anos de idade, ganha de presente do pai uma sanfona e aprende a tocar o instrumento por conta própria. Autodidata dos bons, aos 10 anos de idade animava festas e bailes do interior, o que lhe rendeu o apelido de "O Garoto de Ouro da Sanfona".

Aos 16 anos, sua família decide se mudar para a capital paulista e lá o adolescente se divide entre o trabalho numa fábrica de meias durante o dia e apresentações à noite.

Da cidade de São Paulo, Mario Zan parte para o Rio de Janeiro, centro cultural e capital federal. No Rio, conhece alguns artistas, entre eles Luiz Gonzaga, que viria a ser seu amigo e parceiro. Gonzagão convidou Mario Zan a ser seu substituto numa boate carioca chamada Samba Dance. Atuou ainda no Cassino Atlântico, em Copacabana, e recebeu naquela época o apelido de "Moleque da Sanfona". Algum tempo depois, decidiu viver em Petrópolis, onde fez várias apresentações no Quitandinha. Com o fim da temporada nos cassinos, Mario Zan resolve voltar para São Paulo.

Da sua imensa discografia (mais de mil músicas gravadas, 300 discos de 78 rotações, 110 LPs e mais de 50 CDs), destacam-se alguns sucessos, como "Pula a fogueira", "Festa na roça", "Segue teu caminho", "Chalana", "Bicho carpinteiro", "Trem de ferro", "Nova flor", mais conhecida como "Os homens não devem chorar" (em inglês, "Love me like a stranger"; em espanhol, "Los hombres no deben llorar") e possui gravações de mais de 200 intérpretes por todo o mundo, "Quarto centenário", música feita em homenagem ao aniversário de São Paulo (1954) e que se tornou um hino à terra da garoa, acumulando mais de 10 milhões de cópias vendidas desde o seu lançamento. Compôs ainda o hino comemorativo aos 450 anos da cidade.

De seu repertório, várias músicas foram regravadas por renomados intérpretes brasileiros e estrangeiros, como Roberto Carlos, Sérgio Reis, Almir Satter, Julio Iglesias, Pedro Fernandes, The Letterman, entre outros.

Seu nome figura no Museu de Artes de Frankfurt, Alemanha, ao lado de grandes expoentes da música como o "acordeonista mais sentimental de todos os tempos". Pelo seu trabalho, recebeu várias homenagens, inclusive do México.

Impossível não citar a contribuição de Mario Zan às festas juninas. Não há um São João sem "Festa na roça". Não há uma quadrilha junina sem Mario Zan.

Depois de uma carreira de sucesso grandemente produtiva, um casamento, três filhos e duas filhas, Mario Zan morreu em São Paulo, aos 86 anos de idade, no dia 8 de novembro de 2006. Ele partiu, mas seu legado e sua história fascinante de vida ficarão sempre vivos na memória de todos e ele será sempre o "Rei da Sanfona".

Este livro pretende mostrar um pouco dessa história de sucesso do maior sanfoneiro e compositor de todos os tempos. A ele, nosso tributo e nossa homenagem.

Osmar Zan

introdução

"Depois do silêncio, o que mais se aproxima de expressar o inexprimível é a música."
Aldous Huxley

Mario Zan

    Demonstrar em tão singelas linhas todo o amor e a esperança que a música, através de seus grandes nomes representa, revela-se tarefa mais digna a Homero e a William Shakespeare, mas, a bem da justiça, devemos agradecer às empresas e aos amigos que, com suas contribuições, tornam este caminho mais fácil e sem os quais não seria possível a concretização desta homenagem. Agradeço a Editora Irmãos Vitale, na pessoa de seu presidente Fernando Vitale; e ao Flávio Carrara De Capua, consultor musical; e ao Luiz Carlos Bispo, pelo carinho e acurada sensibilidade demonstrada na continuação da série "Músicas para Acordeom", compreendendo assim a necessidade e dificuldade dos estudantes em obras para este instrumento.

    Nossa homenagem a Mario Giovanni Zandomeneghi, o nosso Mario Zan (Roncade, 9 de outubro de 1921 – São Paulo, 8 de novembro de 2006), que foi um acordeonista e compositor ítalo-brasileiro. Não temos qualquer pretensão em fazer desta uma obra de referência sobre o mestre. Seria mais adequado escrevermos uma enciclopédia, de tão grande e inestimável a sua obra (mais de mil composições gravadas) e do seu trabalho em prol da música popular brasileira. As músicas neste álbum são uma pequena amostra do vasto repertório deste instrumentista.

    Escrevi, em todos os arranjos na mão direita, somente a linha melódica. Acordeonistas com conhecimentos mais aprimorados terão condições de criar seus próprios arranjos em cima da linha melódica.

    Quanto à grafia da mão esquerda, ela segue rigorosamente a convenção de Milão, elaborada em 24-9-1950, e que perdura até os dias de hoje.

    Nosso objetivo com este *Música para acordeom* visa apenas enriquecer o repertório dos acordeonistas brasileiros.

Roberto Bueno
Presidente da Ordem dos Músicos do Brasil
Conselho Regional de São Paulo

agradecimento

À minha esposa, Aparecida Antolino Bueno,
e a meus filhos, Jéferson Antolino Bueno
e Alessandra Antolino Bueno.

oferecimento

Homenagem a Mário Mascarenhas.

preâmbulo

Segundo alguns historiadores, o povo chinês (que inventou o macarrão, a pólvora, a bússola), inventou também – 3.000 anos a.C. – um instrumento musical chamado "tchneng", uma espécie de órgão de boca tido como precursor do acordeom, que seria inventado no ano de 1829 por Cyrillus Demian, austríaco de Viena que no dia 6 de maio do mesmo ano registrou a patente de um organeto (pequeno órgão) com cinco botões formando cinco acordes, batizando-o com o nome de acordeom.

Em 19 de junho de 1829, sir Charles Wheatstone (em Londres) registra a patente de um instrumento chamado concertina. Esses dois instrumentos fizeram um sucesso imediato. A concertina foi muito difundida entre os marinheiros da Grã-Bretanha e o acordeom encontra milhares de admiradores em todos os países da Europa Central, sendo muito usado em festas populares e folclóricas. No ano de 1836 foi publicado em Viena um dos primeiros métodos para ensino de acordeom. Com visto, o acordeom nasceu muito simples, mas imediatamente teve um extraordinário sucesso em virtude de sua facilidade de uso. Ele consegue a adesão de um crescente número de apreciadores e de pessoas que se empenham em desenvolver e melhorá-lo, ampliando seus parâmetros, dimensionando suas possibilidades.

Conta a história que tudo nasce sempre por acaso. Diz a lenda que certa noite do ano de 1863 um viajante austríaco, voltando do santuário de Nossa Senhora di Loreto, ficou hospedado na casa de Antonio Soprani, um pobre lavrador que vivia em um pequeno sítio próximo à cidade de Castelfidardo, pai de quatro filhos, Settimio, Paolo, Pasquale e Nicola Soprani. O viajante portava um exemplar de um acordeom rudimentar, atraindo rapidamente a curiosidade e o interesse de Paulo Soprani, que tinha na época 19 anos de idade.

Não se sabe como esse instrumento foi parar nas mãos de Paolo. Uns falam que foi dado de presente pelo viajante austríaco em agradecimento pela hospitalidade de Antonio. Outros dizem que teria sido roubado por Paolo. Fato é que Paolo ficou apaixonado pelo instrumento, passou a aperfeiçoá-lo e desenvolveu um novo acordeom. Nasceu então a clássica fisarmônica italiana, que seguiria sendo aperfeiçoada até os dias de hoje, conquistando assim o mundo.

Em 1864, Paolo inicia com seus irmãos Settimo e Pasquale a fabricação dos primeiros acordeons italianos, ainda na casa do sítio. Com o sucesso de vendas crescendo, Paolo constrói em 1872 a primeira grande fábrica no centro da cidade de Castelfidardo. Os primeiros compradores eram ciganos, peregrinos e vendedores ambulantes que visitavam o santuário de Nossa Senhora di Loreto. Cabe ressaltar que paralelamente a Paolo Soprani – em 1876, na cidade de Stradella, província de Pavia – Mariano Dallapè (natural de Trento) inicia uma fabricação artesanal produzindo na época acordeons de altíssima qualidade. Em 1890, ainda em Stradella, é fundada a fábrica Salas pelos sócios Ercole Maga, Dante Barozzi e Guglielmo Bonfoco. Também no mesmo período nasce a fábrica Fratelli Crosio e a Cooperativa Armoniche. No início dos anos 1900 outro pólo produtivo nasce em Vercelli. Todas essas indústrias se desenvolveram e cresceram muito, aperfeiçoaram e exportaram acordeons por todo o mundo. Nesse momento, começa a ser introduzido no Brasil os primeiros exemplares trazidos pela imigração italiana e alemã, parte ficando em São Paulo, e outros em Santa Catarina e Rio Grande do Sul.

O acordeom no Brasil foi muito difundido. Na década de 1950 era comum encontrar dois acordeons na mesma casa. Esse instrumento com várias configurações se adaptou a cultura de todos os povos do globo, tanto na música popular folclórica quanto na erudita. Nos anos 1960, com o advento do movimento da música rock, o acordeom perdeu muito de sua força e muitas fábricas faliram (só no Brasil, nas regiões Sul e Sudeste, existiam cerca de 32 fábricas). Hoje não resta nenhuma. Contudo, ainda são fabricados na Itália acordeons modernos e sofisticados, e com certeza essa cultura não vai perecer, pois hoje esse instrumento está difundido e apreciado em todas as classes sociais, em festas populares e em teatros com orquestras, executando belíssimas peças de concertos por exímios acordeonistas amadores e profissionais. Este é um pequeno resumo da história do acordeom.

o autor

- Prêmio Quality – Troféu Bandeirantes.
- Jurado do 3º Festival Internacional Roland de Acordeon.
- Homenageado em Sessão Solene em 19 de junho de 2009 pela Assembleia Legislativa de São Paulo.
- Diplomado pelo Sinaprem em 2 de maio de 2009.
- Troféu Homenagem Clube Piratininga (SP).
- Certificado da Banda da Polícia Militar do Estado de São Paulo (SP).
- Diplomado pelo Conservatório de Música Alberto Nepomuceno.
- Professor pela American Accordionists' Association de Nova York.
- Professor pela União Brasileira de Acordeonistas Professor A. Franceschini.
- Diplomado pelo Instituto de Música do Canadá.
- Atual presidente da Ordem dos Músicos do Brasil – Conselho Regional do Estado de São Paulo.
- Recebeu diploma de Honra ao Mérito da Escola de I e II Graus Professor João Borges (SP).
- Certificado de alta interpretação pianística realizada na galeria Traço Cultural (SP).
- Comenda pela Ordem Civil e Militar dos Cavaleiros do Templo pelos serviços prestados à comunidade.
- Conselheiro federal da Ordem dos Músicos do Brasil.
- Acordeonista da AACD (Associação de Assistência à Criança Deficiente).
- Troféu Ordem dos Músicos do Brasil em 1988.
- Placa de Prata pela Asociación de Música de España, Madrid.
- Embaixador do Tango no Brasil, com certificado da cidade de San Cristóbal, província de Santa Fé, na República Argentina.
- Certificado de Honra ao Mérito pelo Lions Club de São Paulo (SP).
- Diploma e Medalha de Mérito Profissional em Música pela Abach (Academia Brasileira de Arte, Cultura e História) (SP).
- Diploma e medalha pela Sociedade Brasileira de Heráldica e Humanística (SP).
- Medalha José Bonifácio de Andrada e Silva (o Patriarca).
- Diploma de membro titular e Medalha da República, conferidos pela Abach (Academia Brasileira de Arte, Cultura e História) (SP).
- Certificado da empresa jornalística Metropolitana S.A.
- Membro dos Amigos de Lomas, da Argentina.
- Atual diretor administrativo da Associação dos Acordeonistas do Brasil.
- Diretor do Conservatório Nacional de Cultura Musical.
- Regente do coral da Icab (Igreja Católica Apostólica Brasileira).
- Regente do American Orthodox Catholic Church.
- Regente do Grupo Robert – International Music.
- Leciona melodia, harmonia e bateria para o curso técnico de jurados do Grupo Especial e do Grupo de Acesso da Liga das Escolas de Samba e União de Escolas de Samba de São Paulo.

O acordeom

Teclado para mão direita

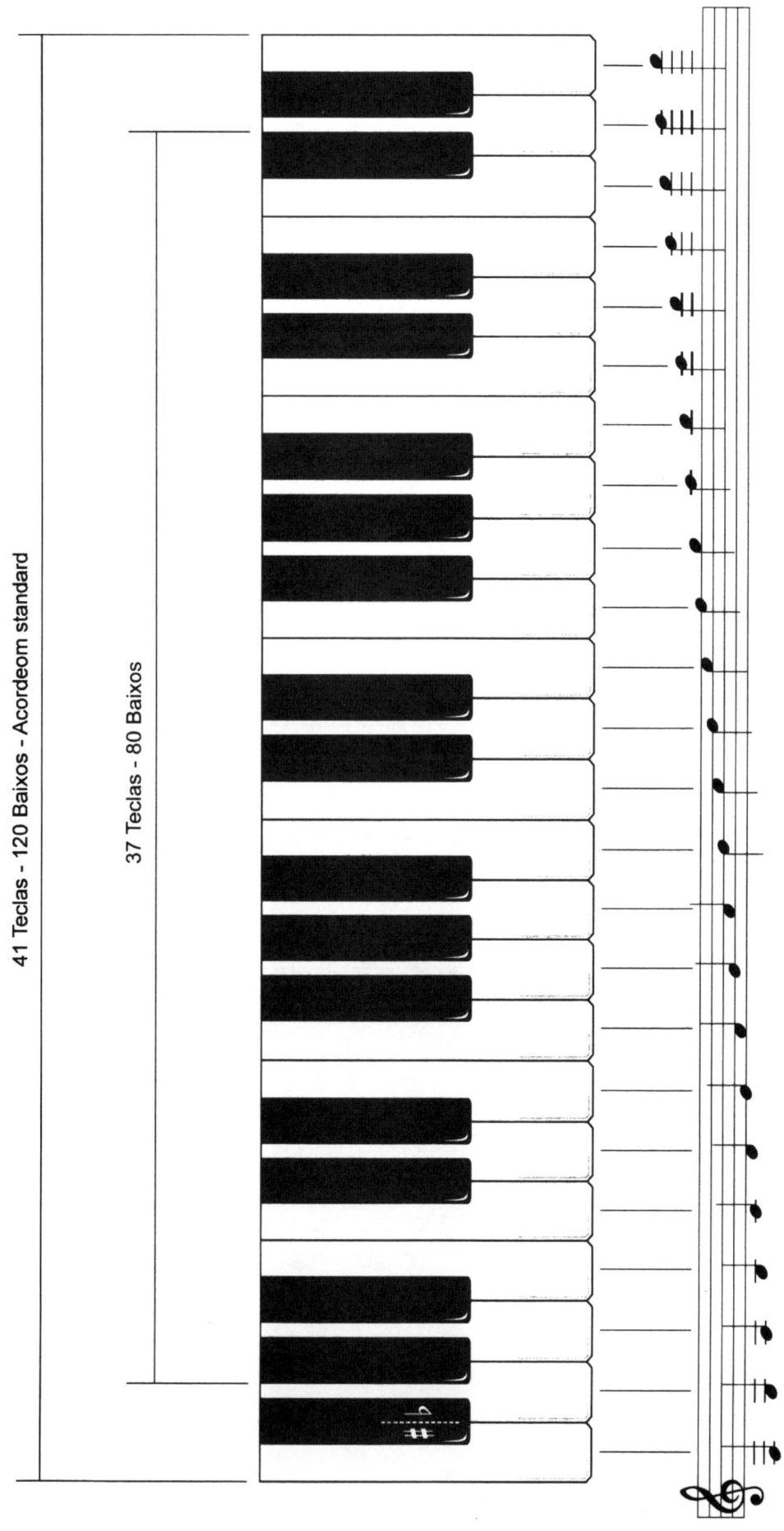

Grafia Universal Para Acordeom

Mão esquerda usa a clave de Fá (4ª linha). Mão direita, clave de Sol.

As notas para os baixos são apresentadas no 2º espaço para baixo, abrangendo a extensão da oitava inferior de Dó grave até Dó médio, assim:

Os acordes para a mão esquerda são indicados por meio de notas únicas (a tônica do acorde), abrangendo a extensão da oitava superior do Ré médio até Ré agudo, assim:

Uma única letra sobreposta à nota indica a espécie de acorde, assim:

M – acorde Maior;
m – acorde menor;
7 – acorde de sétima dominante;
d – acorde de sétima diminuída.

As passagens de baixos podem ser escritas nas duas oitavas. Podem ser ultrapassadas quando houver a indicação das letras B.S. (*Basso Soli*), assim:

Um tracinho (_) por baixo de uma nota destinada à mão esquerda indica "contrabaixo", o que se coloca de preferência por baixo do número do dedo, assim:

O abrir e o fechar do fole são indicados por setas dispostas desta maneira:

⟵——— Abrir o fole ———«   »——— Fechar o fole (volta) ———⟶

Quadro dos Baixos
(Mão esquerda)

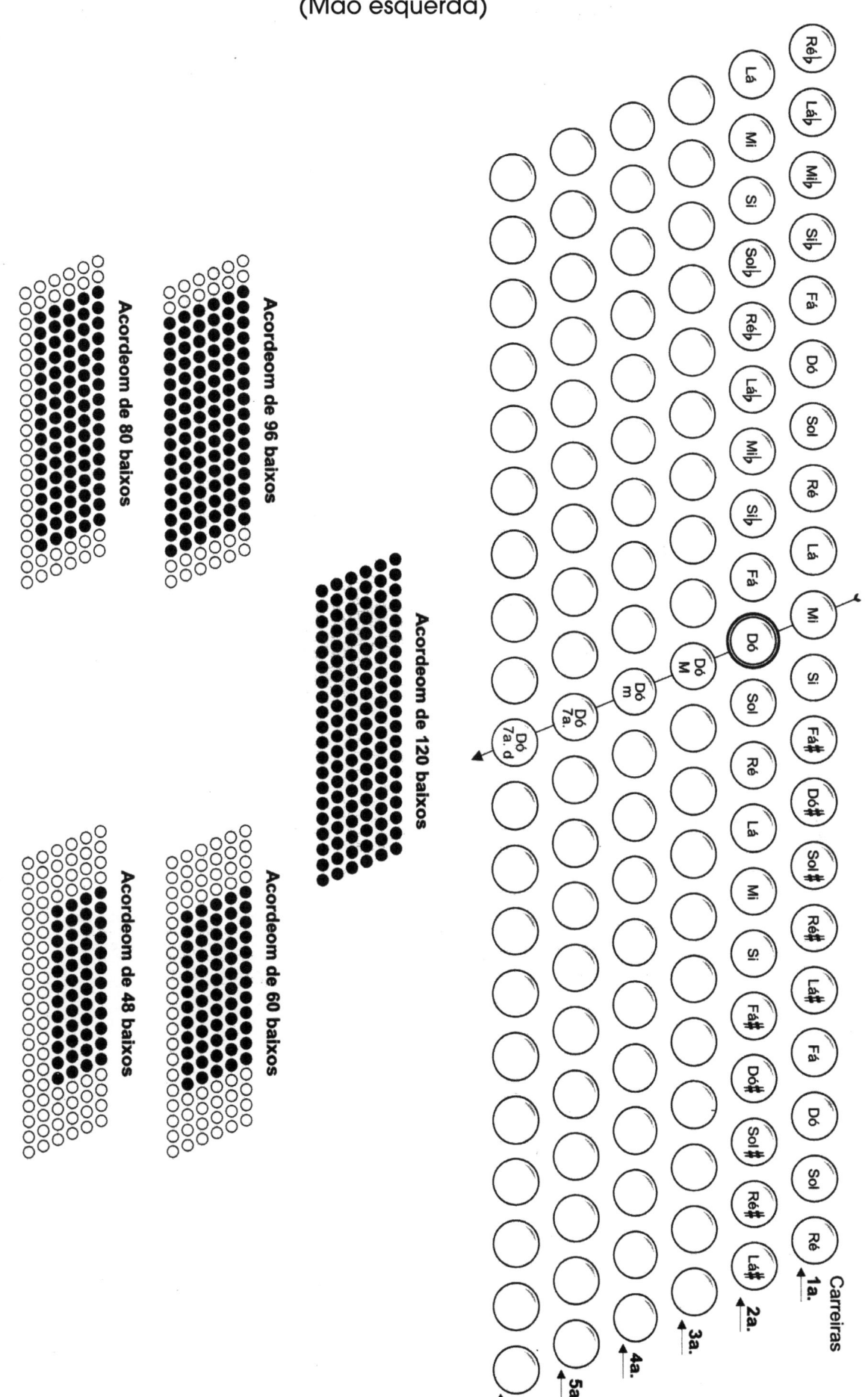

Os Acordes Maiores

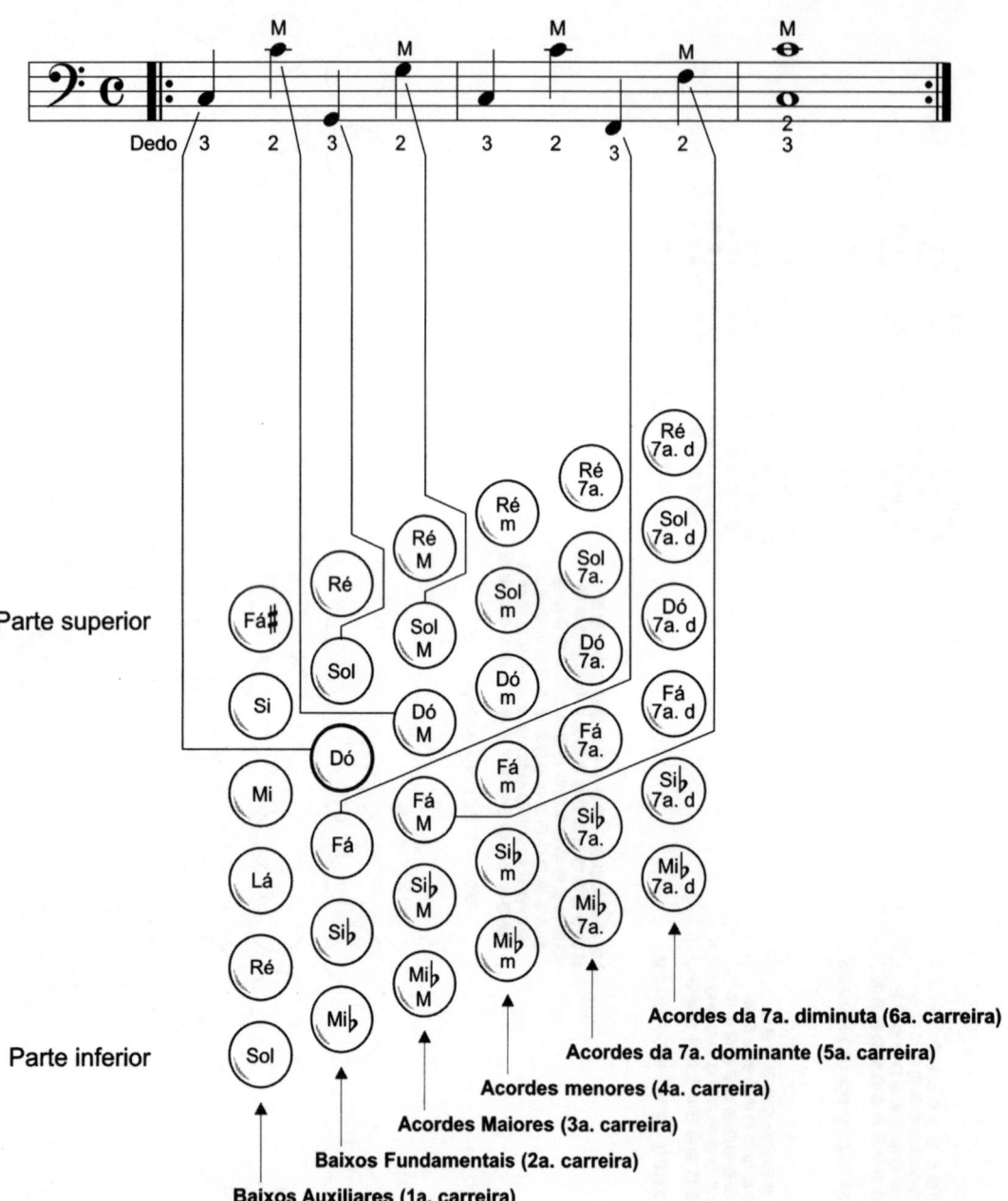

Os Acordes Menores

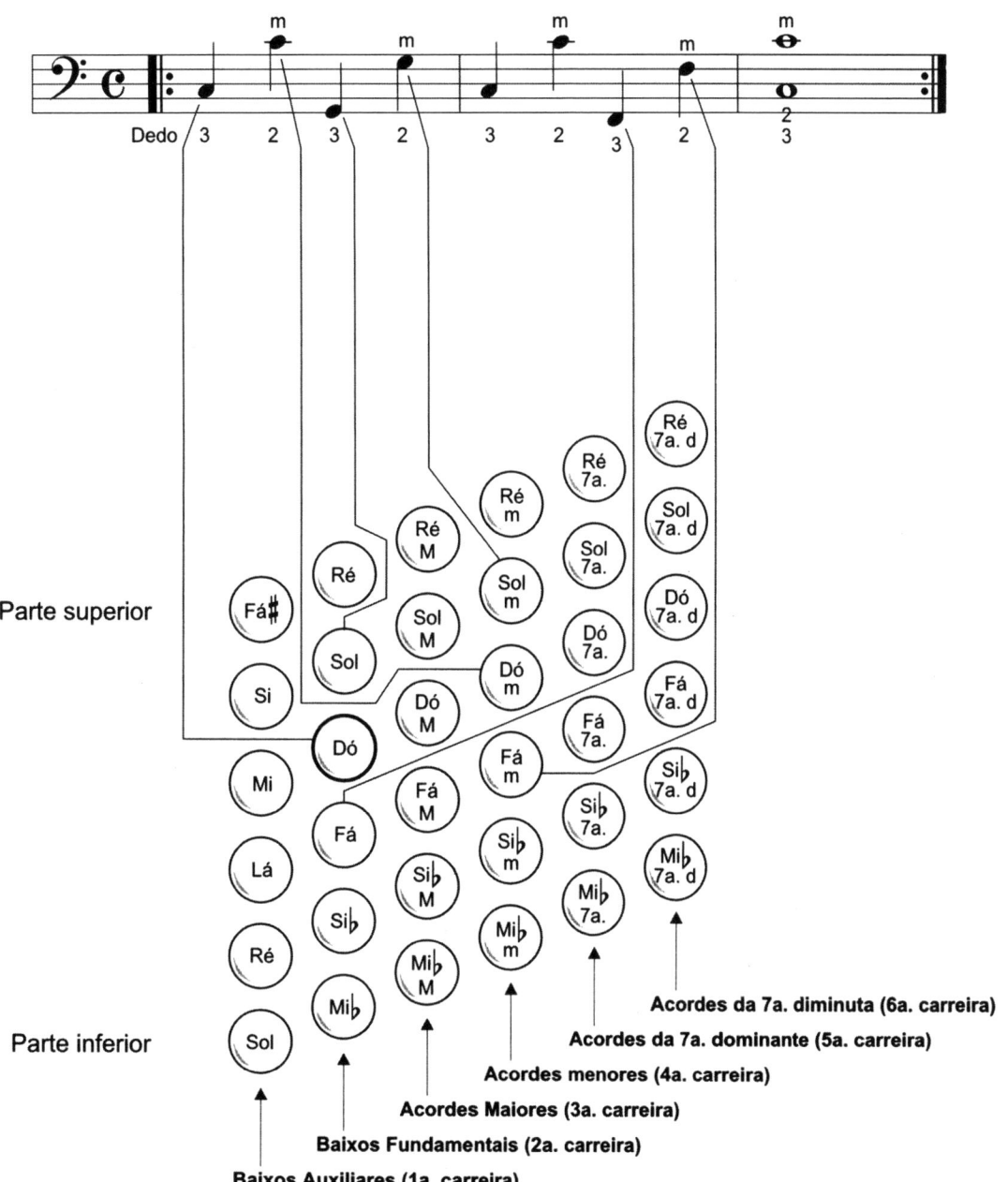

Os Acordes da Sétima Dominante

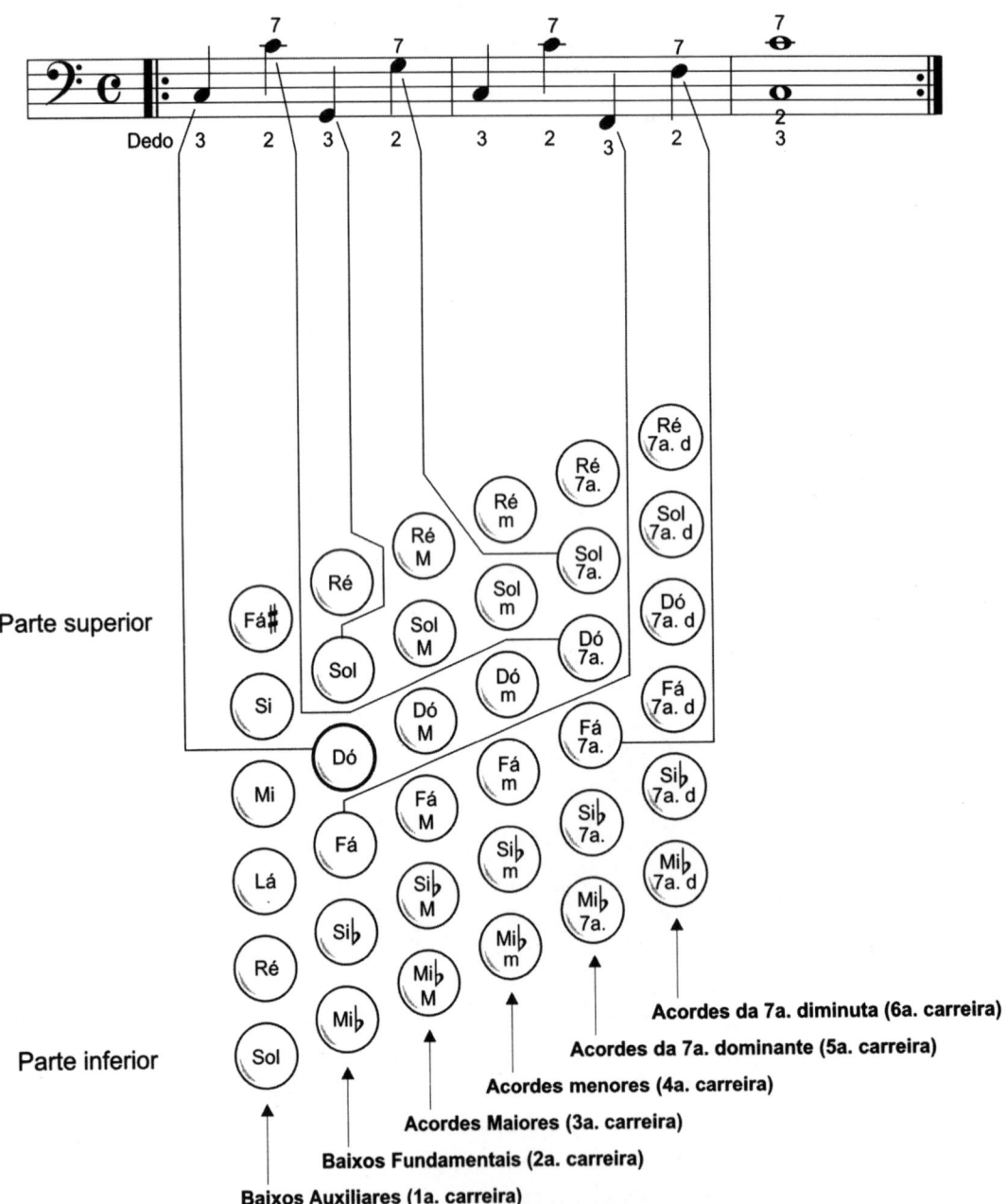

Os Acordes da Sétima Diminuta

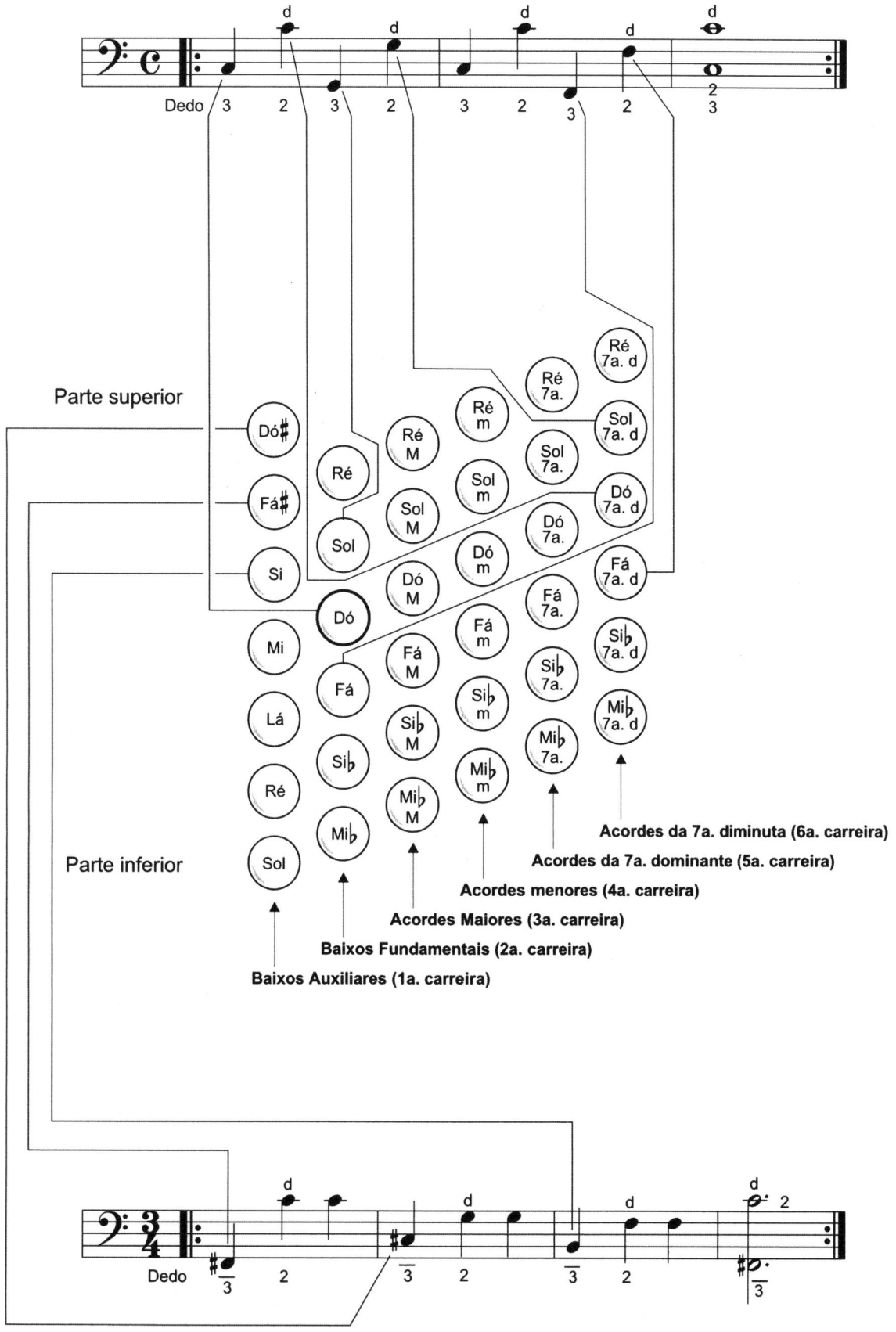

Mario Zan e Luiz Gonzaga

Cerimônia de abertura da Praça Mario Zan, em São Paulo, dia 16 de março de 2008.
Orquestra Sanfônica de São Paulo

Mario Zan ao centro, ao lado de seu filho Osmar Zan e de seu neto Marcello Zan

Mario Zan

Orquestra Sanfônica de São Paulo, maestrina Renata Sbrigh

Alunos do Conservatório Nacional de Cultura Musical

Concurso realizado pela Associação dos Acordeonistas do Brasil em Jaú, 2007

Frank Marroco
Acordeonista internacional de renome

Art Van Damme
Exímio jazzista do acordeom

Encontro de acordeonistas. No centro, Sivuca

Bicho Carpinteiro
Choro

Arranjo: Prof. Roberto Bueno

Angelo Reale

© Copyright 1956 by Irmãos Vitale S/A Ind. e Com. São Paulo – Rio de Janeiro – Brasil.
Todos os direitos autorais reservados para todos os países – *All rights reserved. International Copyright Secured.*

A 1ª parte, quando executada pela 2ª vez, poderá ser em "Bellous shake". O efeito será bonito.

Caminhos Diferentes
Tango

Arranjo: Prof. Roberto Bueno

Mario Zan e
Messias Garcia

Capricho Cigano

Tango

Arranjo: Prof. Roberto Bueno

Mario Zan e
Messias Garcia

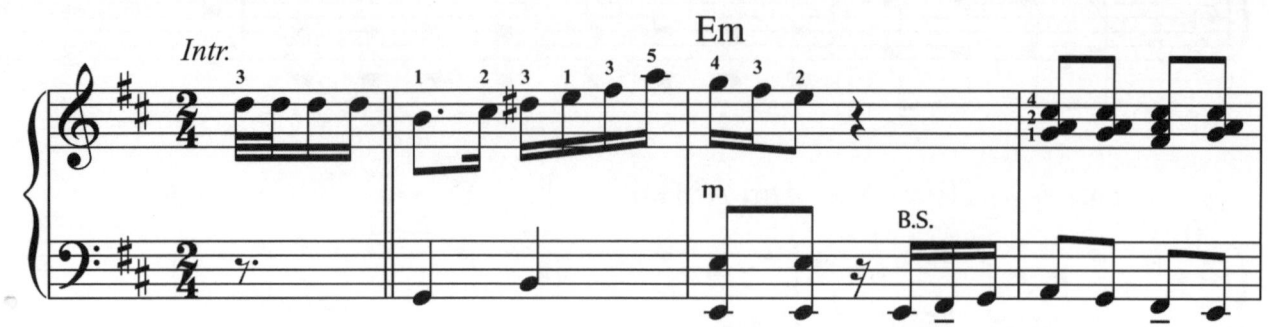
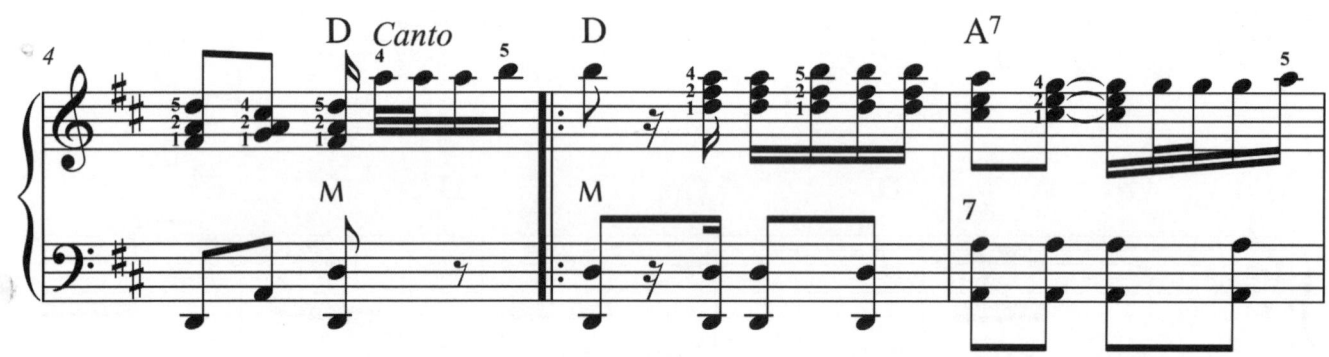

© Copyright 1959 by Fermata do Brasil / Editora Musical Santos Dumont Ltda.
Todos os direitos autorais reservados para todos os países – *All rights reserved. International Copyright Secured.*

Capricho Cigano
Tango
  - Mario Zan e Messias Garcia

Não sei porque
Tu és tão vaidosa,
Perversa e má,
Cruel e caprichosa,
Gostas de ver
Minh'alma envenenada;
O teu prazer
É me fazer sofrer

Já fiz tudo
Pra te dar
Vida mais feliz,
Até já quis
Te dar um lar.
Teus carinhos
Não são meus.
És volúvel,
Anda,
Parte!
Adeus!

Chalana

Rasqueado

Arranjo: Prof. Roberto Bueno

Mario Zan e
Arlindo Pinto

© Copyright 1953 by Bandeirante Editora Musical Ltda. (ADDAF)
Todos os direitos autorais reservados para todos os países – *All rights reserved. International Copyright Secured.*

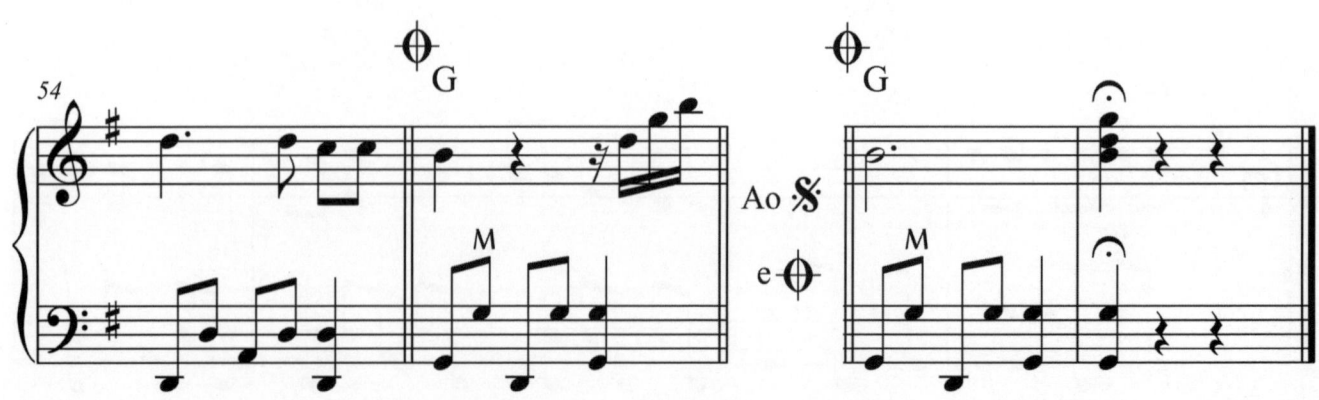

Meu Primeiro Beijo

Rasqueado

Arranjo: Prof. Roberto Bueno

Claudio Barros e
Mario Zan

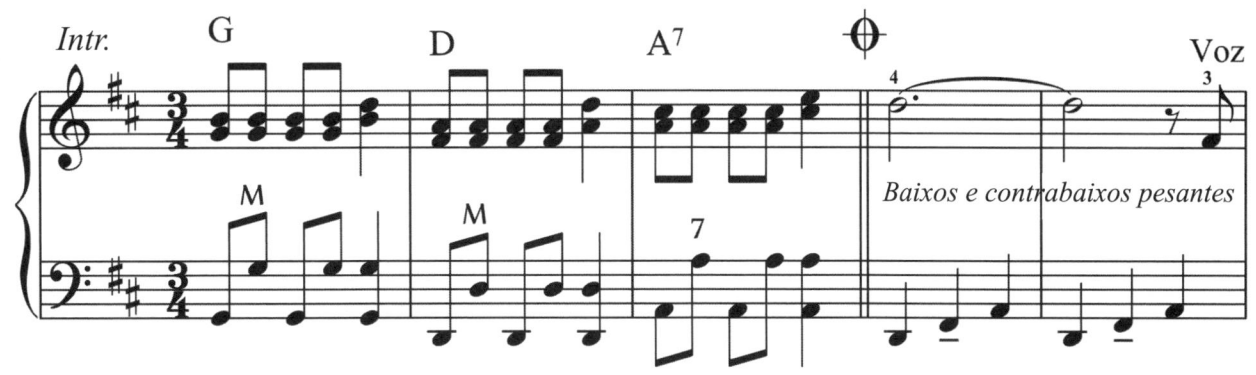

© Copyright 1966 by Fermata do Brasil / Editora Musical Santos Dumont Ltda.
Todos os direitos autorais reservados para todos os países – *All rights reserved. International Copyright Secured.*

Meu Primeiro Beijo
Rasqueado
      - Claudio de Barros e Mario Zan

Quem é que não tem saudade
Do primeiro beijo dado com calor
Quem é que não tem saudade
Do primeiro abraço do primeiro amor
Quem é que não tem saudade
Da felicidade no seu coração

Bis [Quem é que hoje triste chora
Relembrando a mágoa da desilusão

Eu já fui muito feliz
Eu já tive um grande amor
Hoje choro a saudade
Carregando a minha dor

Nossa Amizade

Samba-choro

Arranjo: Prof. Roberto Bueno

Mario Zan e
Angelo Reale

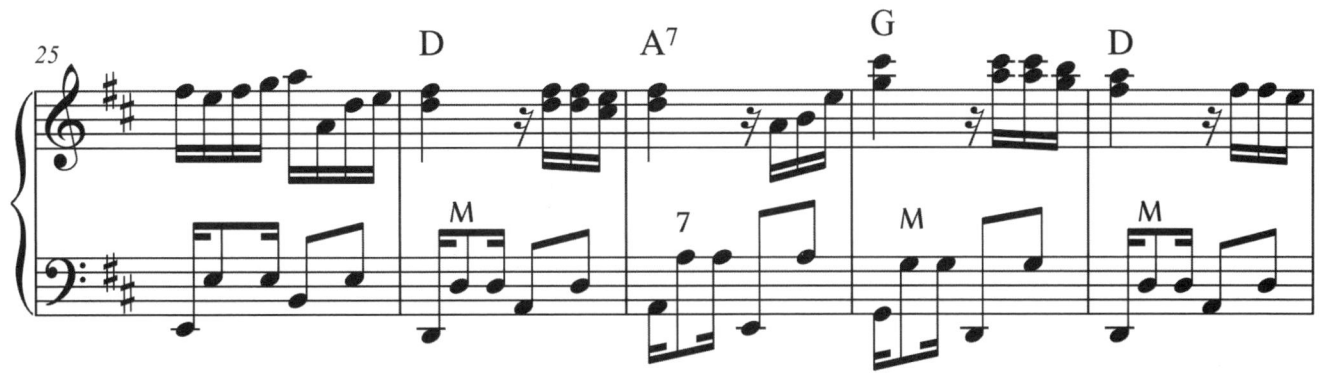
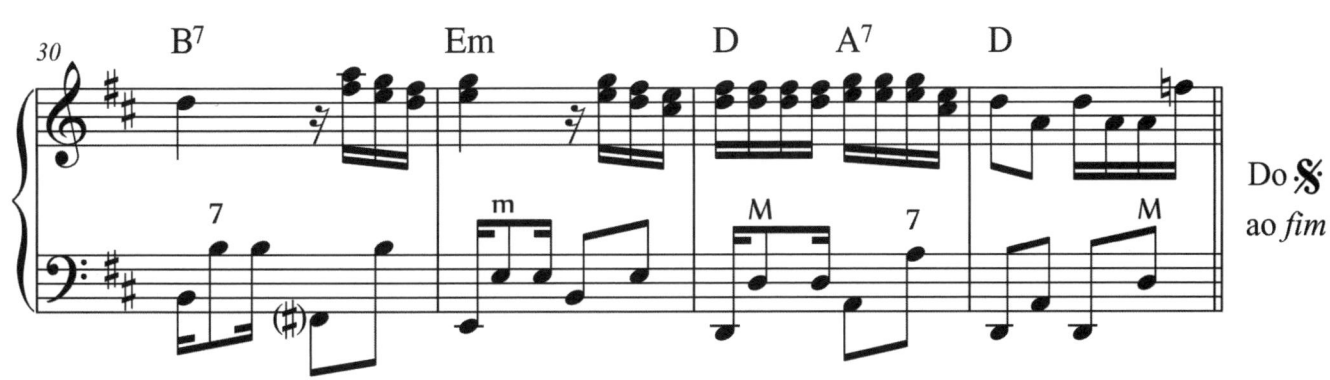

Do $\mathsection$ ao *fim*

35

O Sanfoneiro Só Tocava Isso

Marcha Junina

Arranjo: Prof. Roberto Bueno

Haroldo Lobo e
Geraldo Medeiros

© Copyright 1950 by Irmãos Vitale S/A Ind. e Com. São Paulo – Rio de Janeiro – Brasil.
Todos os direitos autorais reservados para todos os países – *All rights reserved. International Copyright Secured.*

O Sanfoneiro Só Tocava Isso
Marcha junina

- Haroldo Lobo e Geraldo Medeiros

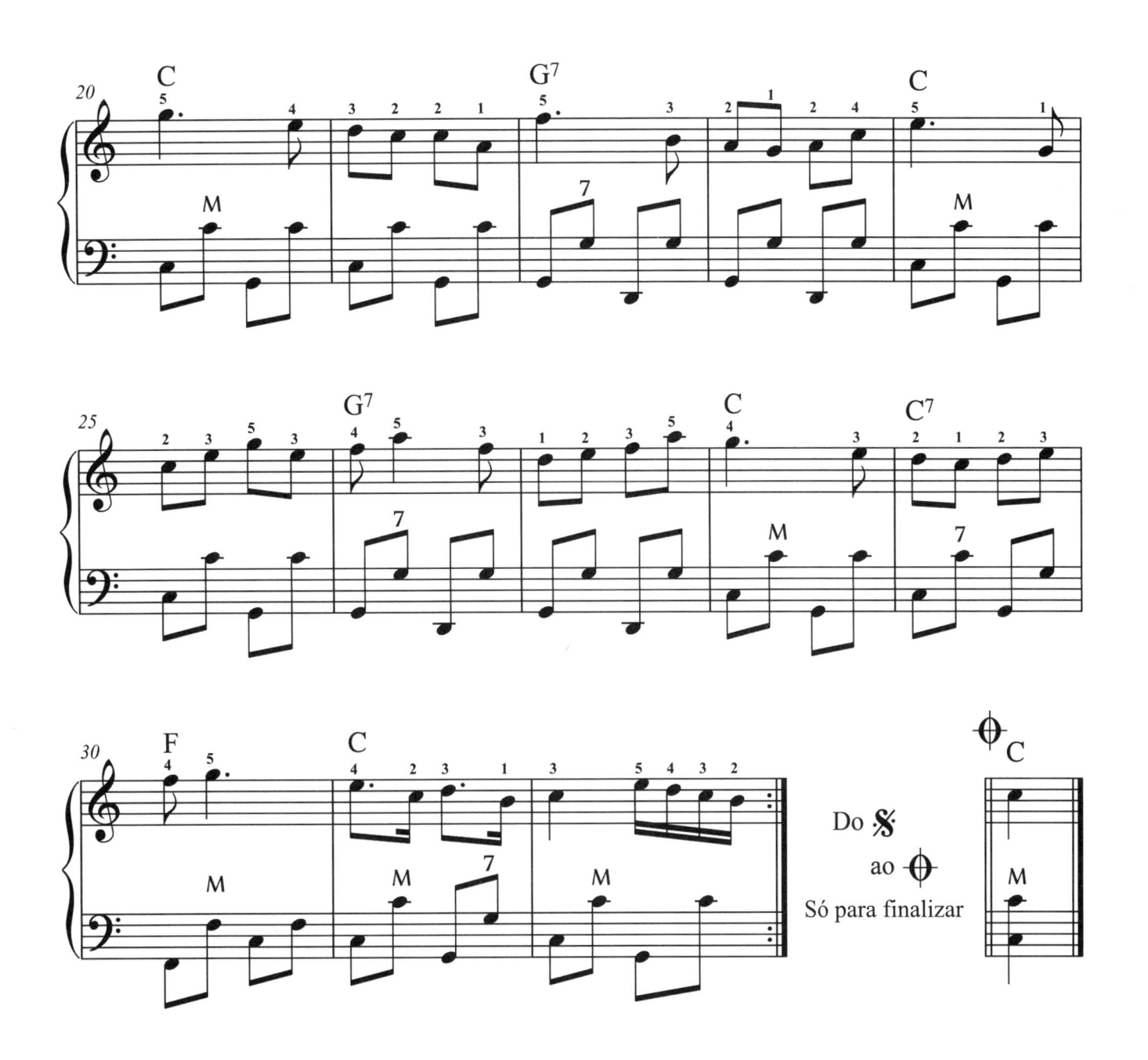

I	II
O baile lá na roça	De vez em quando
Foi até o sol raiar	alguém
A casa estava cheia	Vinha pedindo pra mudar
Mal se podia andar	O sanfoneiro ria
Estava tão gostoso	Querendo agradar
Aquele reboliço	Diabo é que a sanfona
Mas é que o sanfoneiro	Tinha qualquer enguiço
Só tocava isso	Mas é que o sanfoneiro
	Só tocava isso

Quarto Centenário

Dobrado

Arranjo: Prof. Roberto Bueno

Mario Zan e
José Manoel Alves

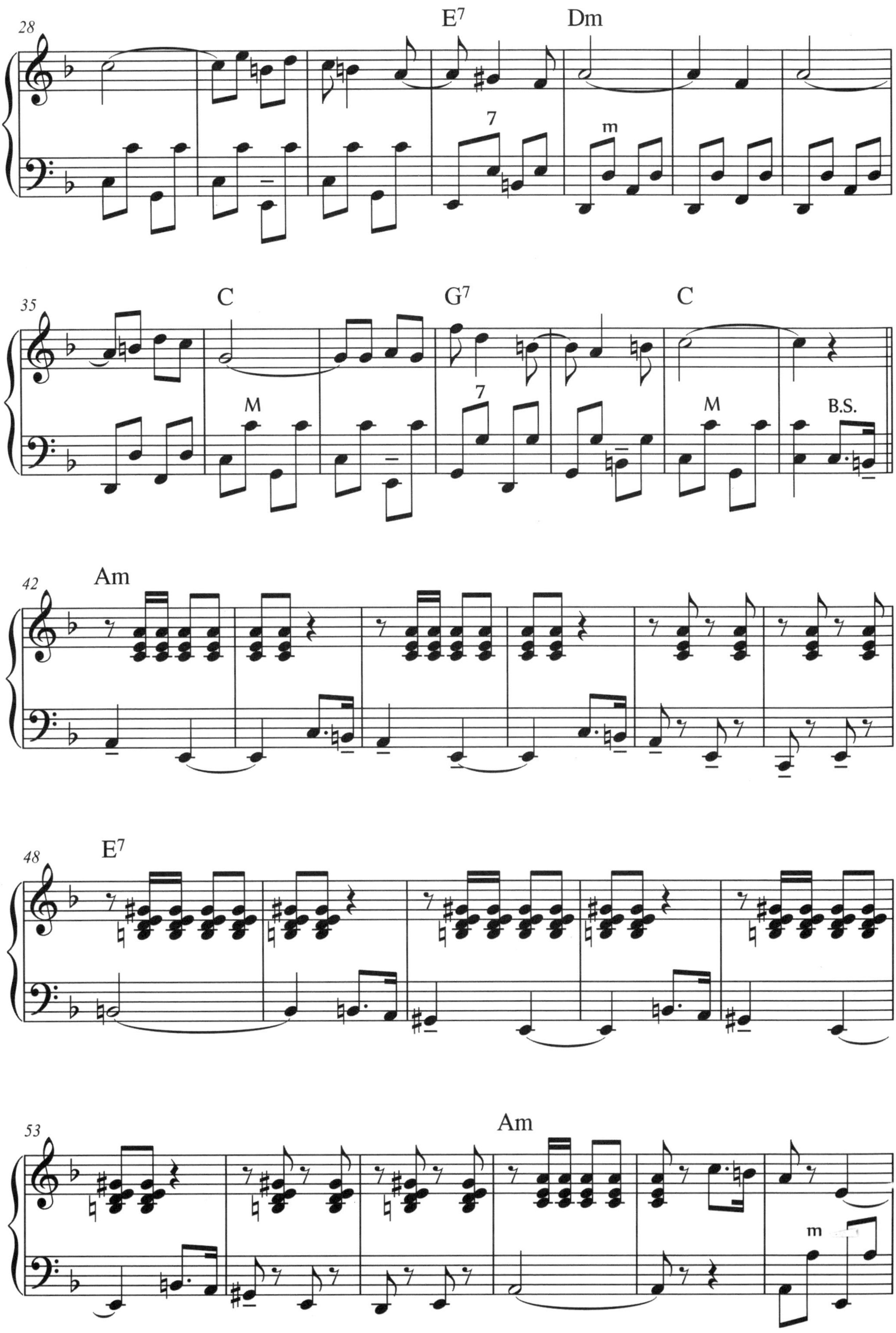
28
E7
Dm
7
m
35
C
G7
C
M
7
M
B.S.
42
Am
48
E7
53
Am
m

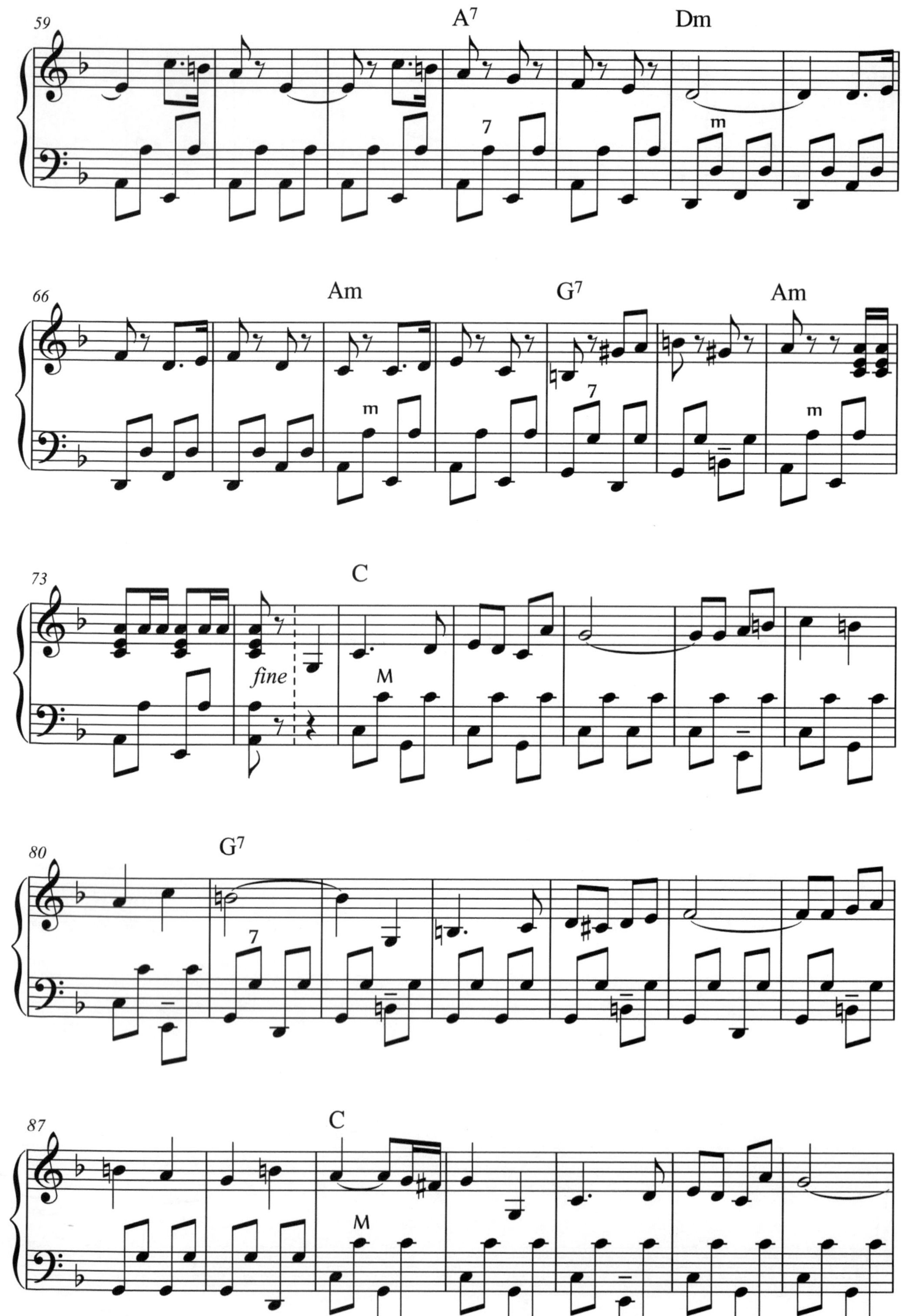
59
A7
Dm
7
m
66
Am
G7
Am
m
7
m
73
C
fine
M
80
G7
7
87
C
M

Quarto Centenário
Dobrado
　　- Mario Zan e José Manoel Alves

São Paulo, terra amada,
Cidade imensa de grandezas mil
És tu, terra adorada,
Progresso e glória do meu Brasil

Ó terra bandeirante
De quem se orgulha a nossa nação
Deste Brasil gigante
Tu és a alma e o coração

II
Salve o Grito do Ipiranga
Que a história consagrou
Foi em ti, ó meu São Paulo,
Que o Brasil se libertou

O teu quarto centenário
Festejamos com amor
Teu trabalho fecundo mostra
Ao mundo inteiro o teu valor

III
Ó linda terra de Anchieta
Do bandeirante destemido
Um mundo de arte e beleza
Em ti tem sido construído

Tens tuas noites adornadas
Pela garoa em denso véu
Sobre os teus edifícios
Que até parecem chegar ao céu

Rabo de Galo

Baião - *Pot-pourri* de músicas russas

Arranjo: Prof. Roberto Bueno

Mario Zan

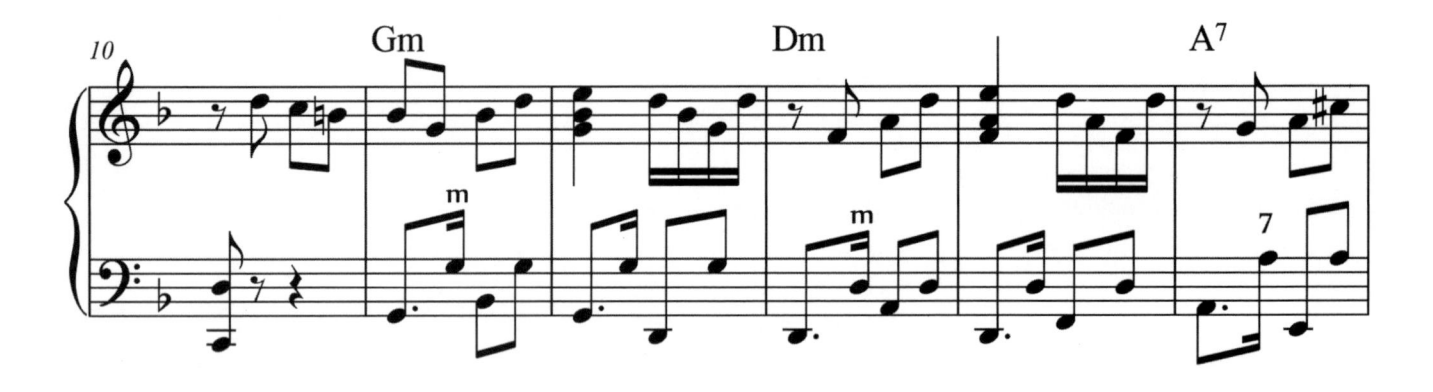

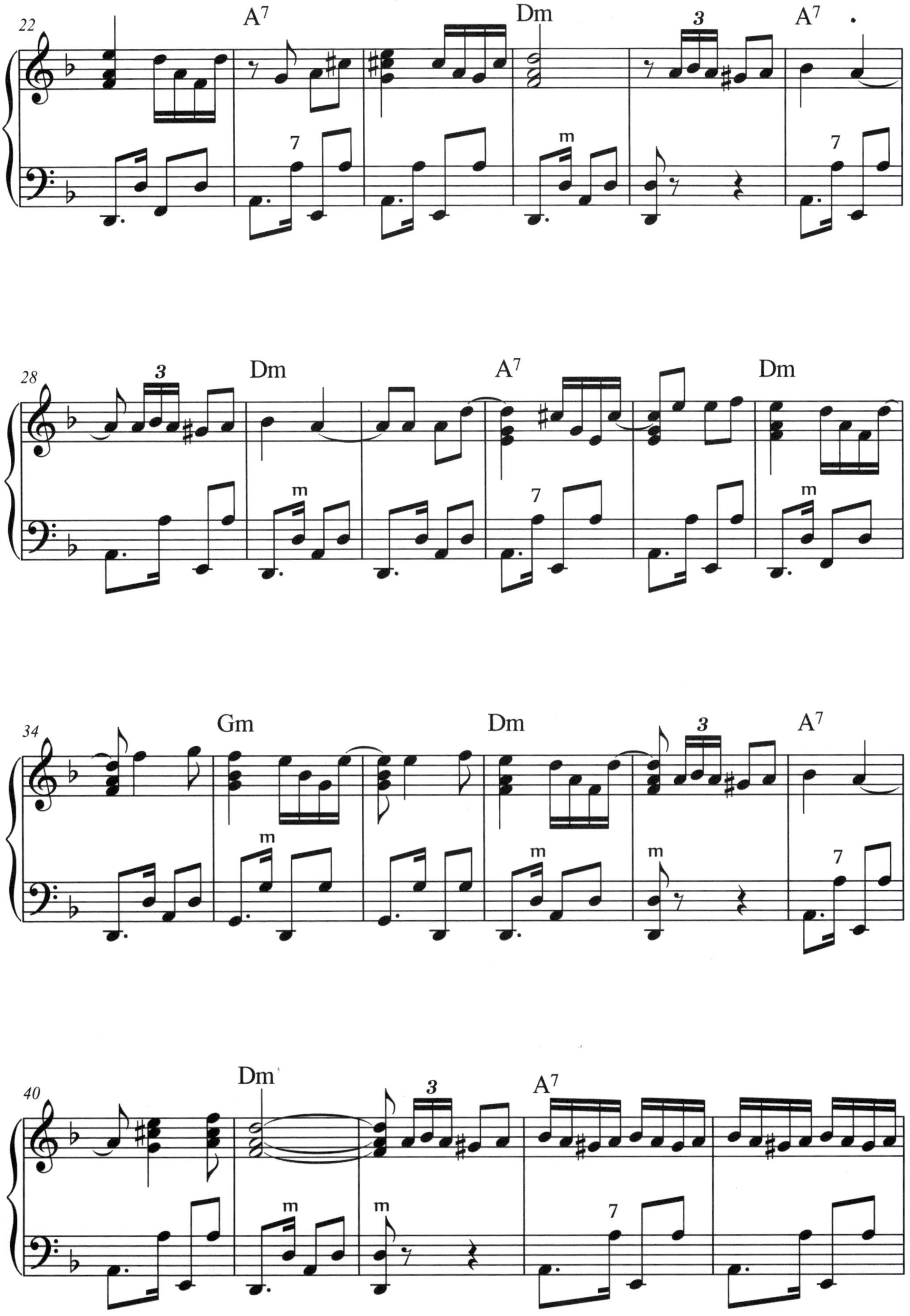
22
A7
Dm
A7
28
Dm
A7
Dm
34
Gm
Dm
A7
40
Dm
A7

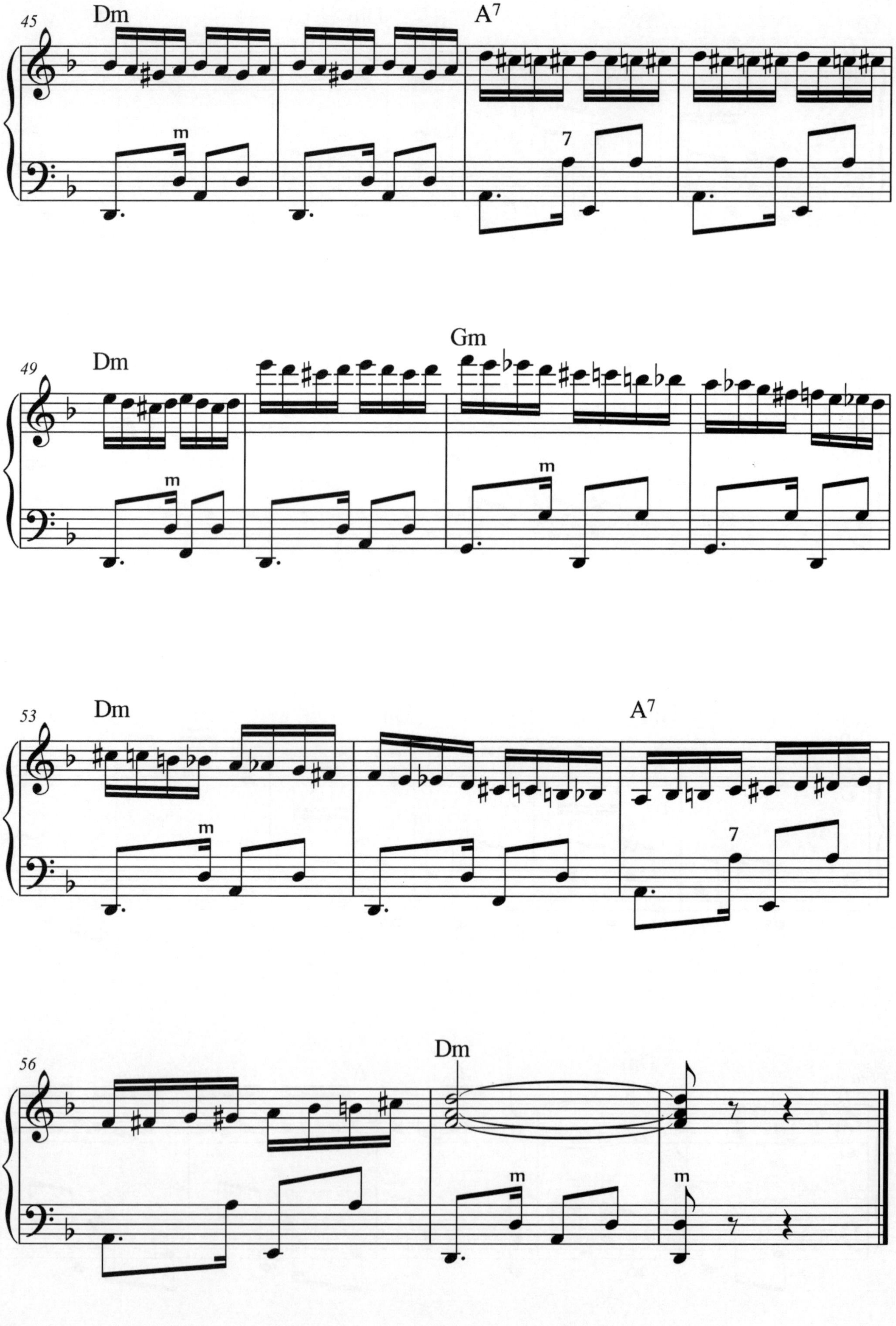
45
Dm
A7
m
7
49
Dm
Gm
m
53
Dm
A7
m
7
56
Dm
m
m

Sapecando

Polca

Arranjo: Prof. Roberto Bueno

Mario Zan e
José Manoel Alves

© Copyright 1954 by Bandeirante Editora Musical Ltda. (ADDAF).
Todos os direitos autorais reservados para todos os países – *All rights reserved. International Copyright Secured.*

19
Dm
A7
Dm
m
7
m
23
A7
Dm
D7
7
m
7
28
Gm
C7
F
Dm
m
7
M
m
33
A7
1. Dm
2. Dm
F
7
m
m
M
Ao
e

Do 𝄋 ao fim

Silvino Rodrigues
Dobrado

Arranjo: Prof. Roberto Bueno
Mario Zan

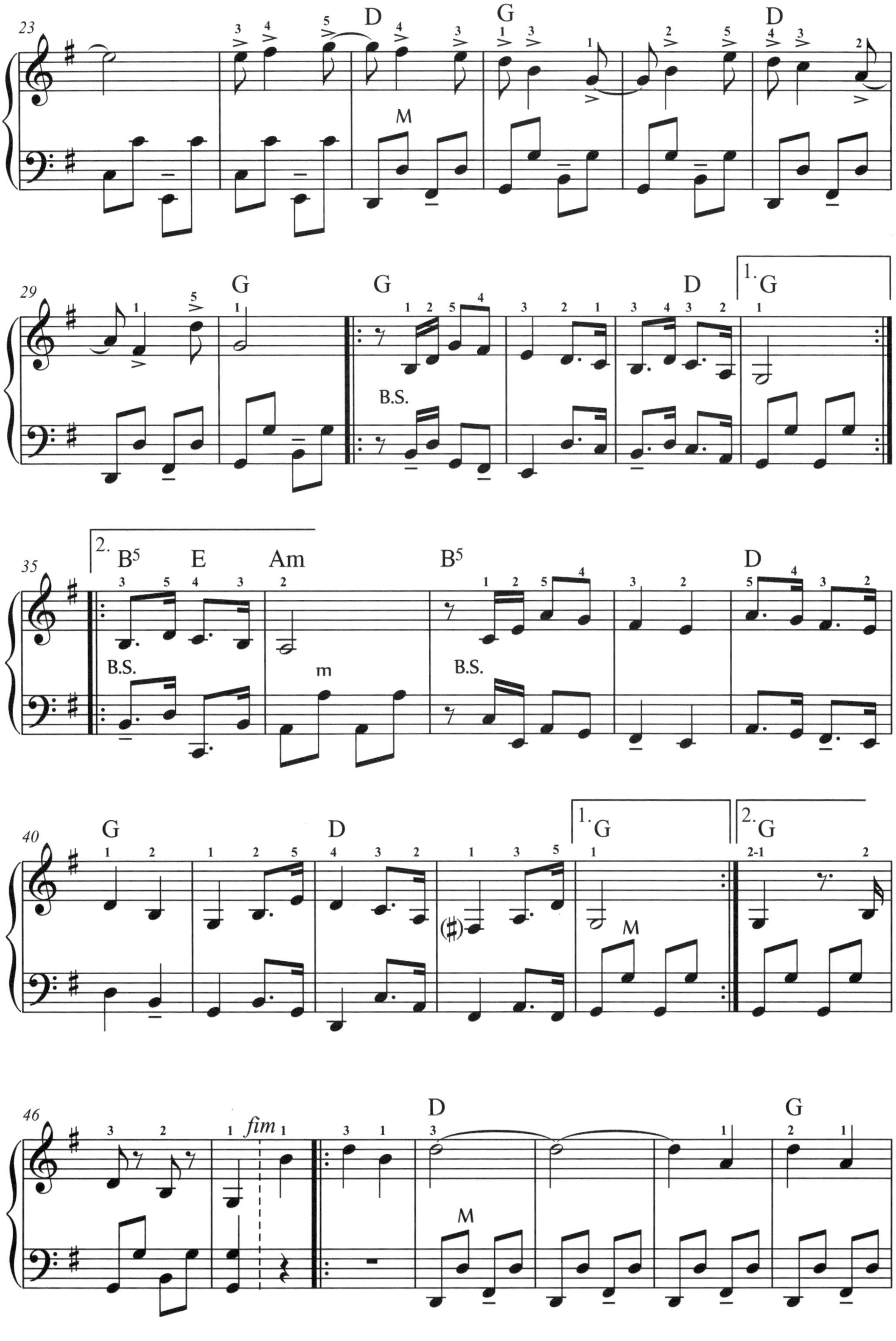
23
D
G
D
M
29
G
G
D
1. G
B.S.
35
2. B5
E
Am
B5
D
B.S.
m
B.S.
40
G
D
1. G
2. G
M
46
fim
D
G
M

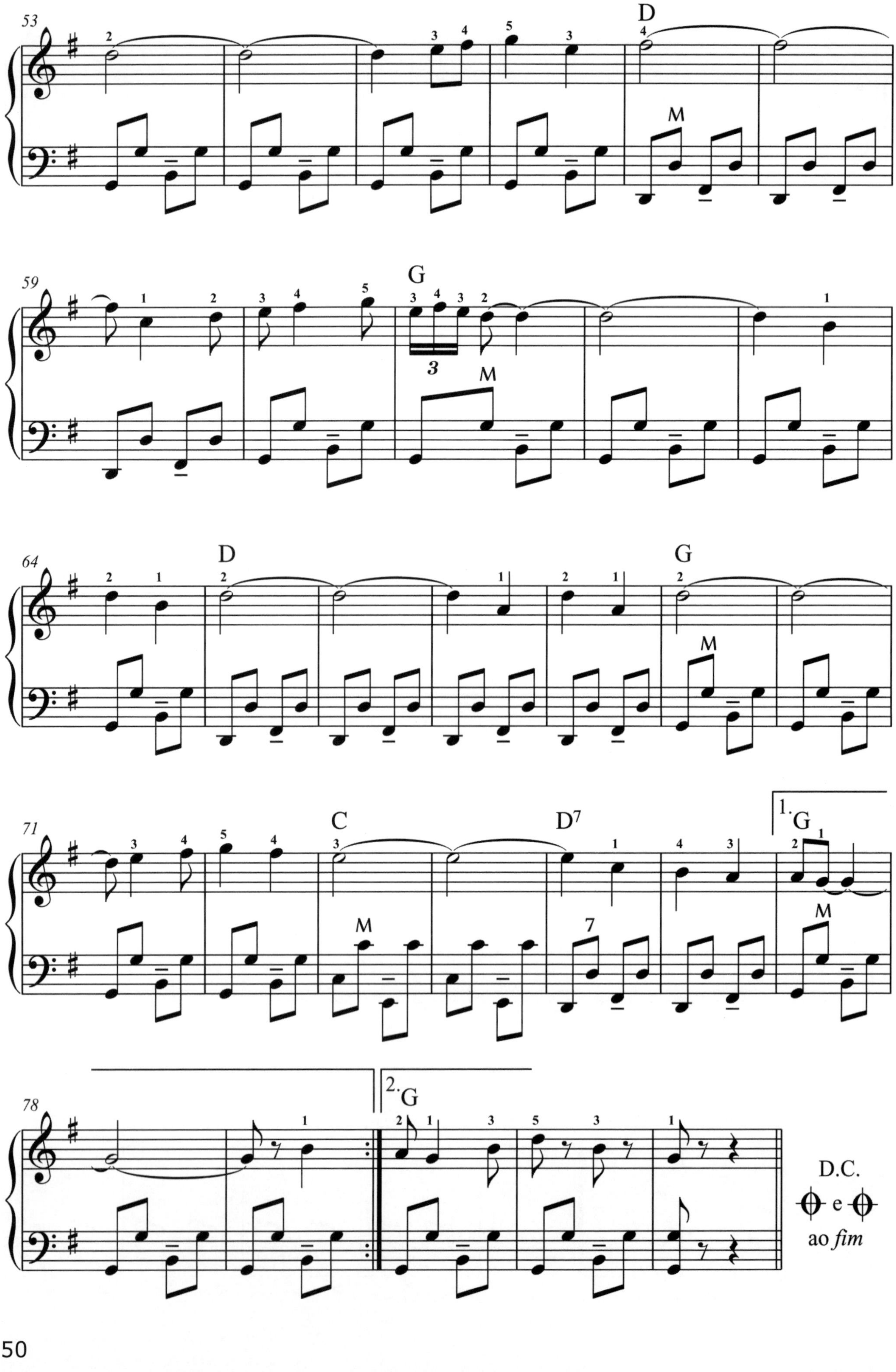
53
D
59
G
M
64
D
G
71
C
D7
1. G
78
2. G
D.C.
e
ao fim

Só Para Você

Bolero

Arranjo: Prof. Roberto Bueno

Mario Zan e
Messias Garcia

© Copyright 1954 by Bandeirante Editora Musical Ltda. (ADDAF).
Todos os direitos autorais reservados para todos os países – *All rights reserved. International Copyright Secured.*

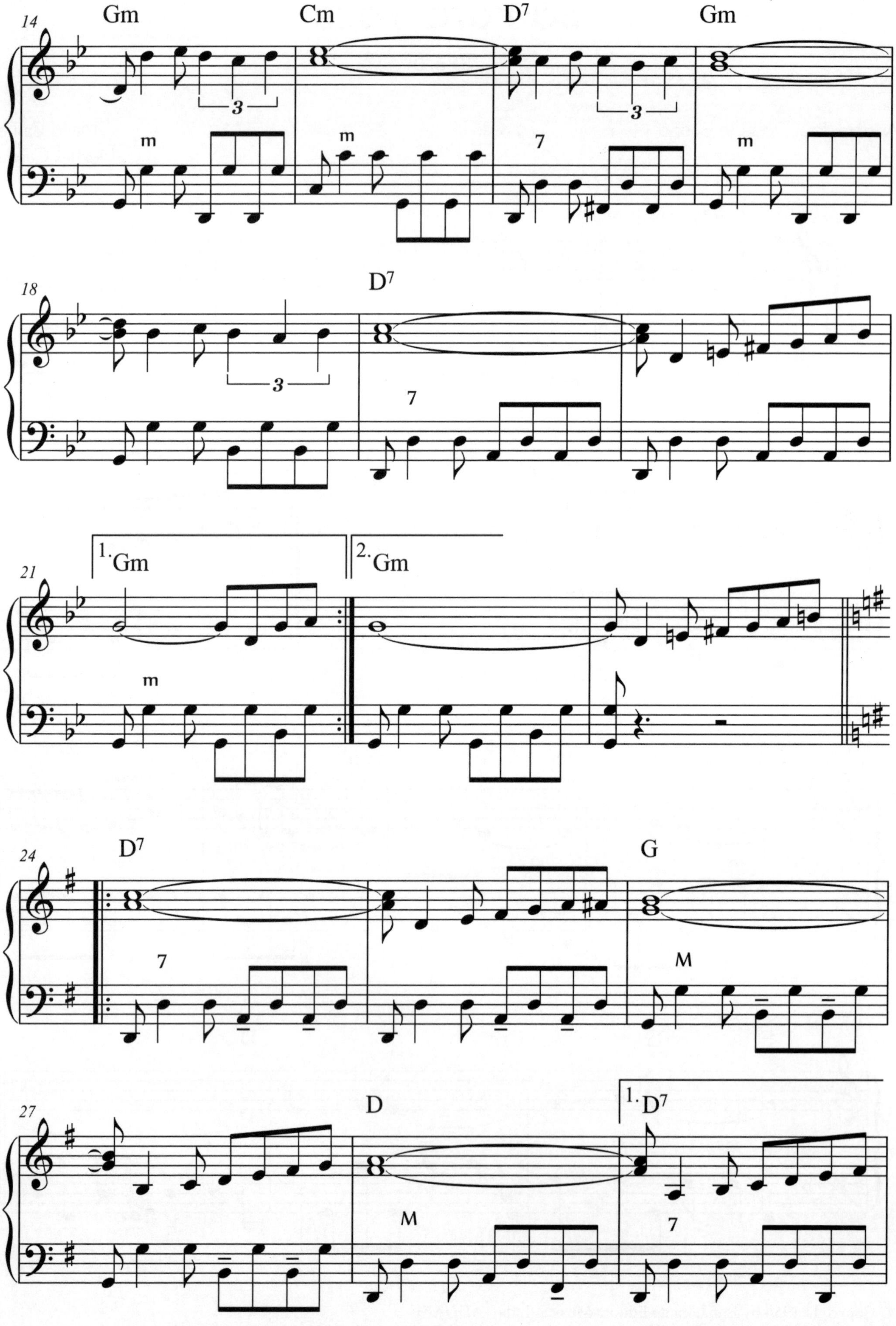
14
Gm
Cm
D7
Gm
m
m
7
m
3
3
18
D7
7
3
21
1. Gm
2. Gm
m
24
D7
G
7
M
27
D
1. D7
M
7

Só Para Você
Bolero
- Mario Zan e Messias Garcia

Na sua ausência a saudade é tão cruel
Quanta dor, meu amor
Minha tristeza é muito grande, pode crer
Sem você vou sofrer...

Fiz só para você
Esta simples canção
Procurando expressar
A minha grande paixão

II
Deus a fez só para mim
Não posso me conformar
Em vivermos longe assim
Nascemos pra nos amar

E eu fiz esta canção
Quando digo ninguém crê
Não importa, meu amor
Ela é só para você

Nova Flor
(Os Homens Não Devem Chorar)

Rasqueado

Arranjo: Prof. Roberto Bueno

Mario Zan e Palmeira

18 C M
23 G7 7 C M
28 C7 7 F M G7 7 C M Am m
33 G7 7 C M C7 7 F M
38 G7 7 C M Am m G7 7

Nova Flor
(Os Homens Não Devem Chorar)
Rasqueado

     - Mario Zan e Palmeira

I.
Quando te perdi
Não compreendi tua ingratidão
Fiquei a cismar
Sem me conformar com a solidão,
A nossa casinha
Na beira da linha tão triste ficou
Só o teu perfume
Fazendo ciúme foi o que restou
Teu procedimento me faz infeliz
Deixando em meu peito uma cicatriz,
Ao te ver de braços com um outro amor
Não sei como pude suportar a dor
Eu sei que a gente não deve chorar
Se um falso amor nos abandonar
Mas não me contive com o que aconteceu
E chorei baixinho o carinho teu.

II.
Hoje faz um ano
Que o desengano e a solidão
Tiveram o fim...
Ao chegar pra mim a nova ilusão
No jardim do amor
Uma nova flor veio florescer
Trazendo bonança
E a nova esperança para o meu viver
Dizem que há males que vêm para bem
Um amor se vai outro logo vem
Como não há mal que não tenha fim
O que me fizeste foi um bem pra mim
Não venho pedir, não venho implorar,
Venho aqui somente para te contar
Que não me interessa mais o teu amor
Pois tenho comigo uma nova flor.

Los Hombres No Deben Llorar
- Letra castelhana de Pepe Ávila

Quando te perdi no me conformé con la realidad
Un presentimiento en mi pensamiento me dió la verdad...
La humilde casita que fué nuestro nido muy triste quedó
Solo tu perfume quedó de recuerdo de aquel gran amor...

Tu procedimiento me hizo padecer
Dejando en mi pecho una herida cruel
Al verte rendida por otra ilusión
De celos y angustias mataste mi amor

Dicen que los hombres no deben llorar
Por una mujer que ha pagado mal
Pero yo no puede contener mi llanto
Cerrando los ojos me puse a llorar.

Todo en esta vida tiene su comienzo, tiene su final
Las fuertes cadenas de mi sufrimiento logré detrozar...
En mi corazón una nueva flor vino a florecer
Trayendo bonanza y nueva esperanza a mi padecer.

El tiempo ha curado todas las heridas
Que tu me dejaste como despedida
Hoy no soy esclavo de tu cruel amor
Un sol de esperanza brilló en mi dolor,
Dicen que las penas traen alegrias
Y las decepciones traen ilusiones
Lo que tu me hiciste ya lo perdoné
Sigue tu camino y que te vaya bién...

Love Me Like A Stranger
- Letra em inglês de Arthur Hamilton

Where is all the fire... All the wild desire
That we felt before?
The hunger in your touch that made you give so much
And want me more and more?

When it all began, the woman and the man
Were wilder than the sea
Brighter than the sun... But look they're time has done:
Today they're you and me!

Can't we try pretending that we met today?
Letting our emotions carry us away
Tasting for the first time lips we've never kissed
Recapturing the feeling that we both have missed

Love me like a stranger who walked into my life
Love me like this feeling will only stay the night
Hold me 'till I beg you not to say goodbye
I want to meet the stranger hiding you eyes!